DES EFFETS DE L'ABSENCE

RELATIVEMENT

AU CONJOINT DE L'ABSENT.

PAR

Ernest Achard,

POUR OBTENIR LE GRADE DE LICENCIÉ EN DROIT.

GENÈVE,

IMPRIMERIE DE FERDINAND RAMBOZ,

Rue de l'Hôtel-de-Ville, 78.

1845

DES

EFFETS DE L'ABSENCE

RELATIVEMENT

AU CONJOINT DE L'ABSENT.

PAR

Ernest Achard,

POUR OBTENIR LE GRADE DE LICENCIÉ EN DROIT.

GENÈVE,

IMPRIMERIE DE FERDINAND RAMBOZ,

Rue de l'Hôtel-de-Ville, 78.

—

1845

DES
EFFETS DE L'ABSENCE

RELATIVEMENT

AU CONJOINT DE L'ABSENT.

Avant le Code Civil, la jurisprudence seule s'était occu-
pée des absents, aucune loi, aucun traité spécial n'avait
préparé la route ; le *Corpus juris* qui, d'ordinaire, suppléait
aux lacunes de la législation moderne, ne contient aucun
titre sur cette matière, et les quelques fragments qui, dans
ce vaste recueil, traitent des individus éloignés de leur domicile, partent, en général, de principes différents de ceux
qui présidèrent aux dispositions du code ; d'ailleurs, ils
ne s'occupaient guère que des absents reipublicæ causa, ne
pensant devoir protéger que ceux qu'une mission dans l'intérêt de tous éloignait de leur patrie. Mais aujourd'hui
que les progrès de la civilisation ont augmenté et facilité à
l'infini les rapports entre les habitants des pays les plus
éloignés, la législation a dû nécessairement s'occuper de
cas qui, d'extrêmement rares qu'ils étaient autrefois, sont
devenus, pour ainsi dire, journaliers. Ce n'était pas de

perfectionner, de concilier des dispositions différentes qu'il s'agissait pour les rédacteurs du Code Civil ; c'était une véritable création qu'ils avaient à faire. Aussi aucun titre n'eut-il à subir à la discussion autant de changements, autant de rédactions différentes. « J'ai sous les yeux, dit Maleville (analyse raisonnée de la discussion du Code Civil au Conseil d'État, t. I, page 127), cinq rédactions différentes que le titre des absents a souffertes avant d'être définitivement adopté, quoique dans le procès-verbal la discussion ne porte que sur deux ; la matière était, en effet, très-épineuse, etc. »

Qu'il nous soit aussi permis de remarquer en passant l'intérêt tout particulier que porta le premier consul à cette partie du Code, et la part importante qu'il prit à sa discussion ; soit que sa vaste intelligence se trouvât plus à l'aise dans un sujet où l'on en était, pour ainsi dire, réduit des idées spéculatives, soit qu'il prévit déjà que les conquêtes lointaines qu'il méditait pourraient donner lieu une fréquente application des dispositions que le législateur allait sanctionner.

Venons maintenant au sujet restreint que nous nous sommes proposé de traiter, savoir *les effets de l'absence relativement au conjoint de l'absent.*

Le Code s'en est occupé sous trois rapports différents aussi diviserons-nous ce que nous avons à dire en trois chapitres.

I. — *Quant au lien lui-même du mariage.*

II. — *Quant aux biens, aux intérêts pécuniaires des époux.*

III. — *Quant à la surveillance des enfants.*

CHAPITRE PREMIER.

Des effets de l'absence quant au lien du mariage.

—

Une question qui se présente naturellement à l'esprit, est la suivante :

« Le conjoint d'un absent sera-t-il indéfiniment lié par son mariage, tant qu'il ne rapportera pas la preuve de la mort de l'absent, ou bien, après un certain espace de temps sans aucune nouvelle, sera-t-il censé délié et pourra-t-il contracter une nouvelle union ? »

Nous trouvons en droit romain quelques dispositions sur cette matière qui nous montrent les changements que le christianisme introduisit sous ce rapport. Ainsi le fr. 1, D. de divortiis et repudiis, cite la captivité parmi les causes de dissolution du mariage, la république mettait au nombre des morts ceux qui avaient cessé de vivre pour leur patrie « (dirimitur matrimonium, divortio morte, captivitate vel alia contingente servitute utrius eorum.) » Malgré la faveur accordée au jus postliminii, le retour du mari ne suffisait pas pour faire revivre le mariage, quand même la femme n'aurait pas usé de sa liberté, il fallait un nouveau consentement de sa part, 8, D. captivis et postliminio reversis : « (Non ut a patre filius, ita uxor a marito jure

postliminii recuperari potest, sed tunc cum et voluerit mu
lier et adhuc alii post constitutum tempus nupta no
est.) »

Constantin prescrivit le premier un terme de quatre an
avant lequel la femme de l'absent ne pouvait contracter u
nouveau mariage, 7 C. repudiis. « Uxor quæ in militia
profecto marito post interventum annorum quatuor nullu
sospitatis ejus potuit habere indicium, atque ideo de nup
tiis aliis cogitavit nec tamen ante nupsit... non videtur nup
tias iniisse furtivas... quæ post tam magni temporis jug
tatem non temere, nec clanculo, sed publice... nupsiss
firmatur. »

La Novelle 22, chap. 14, contient la même disposition
« Si quis in expeditione fuerit et tacuerit ad uxorem pe
quadriennium et nullum ei fiat ab illo signum ejus circ
eam affectus, tunc licentià fit mulieri ad secundas nuptia
veniendi. » Mais dans la Novelle 117, chap. 11 (authentiqu
hodie après la loi 7 C. repudiis), Justinien défendit ex
pressément aux femmes de se remarier pendant l'absenc
de leurs maris, quelque longue qu'elle fût, et quoiqu'elle
n'en reçussent aucune nouvelle; et, au cas que la femme eû
reçu la nouvelle de la mort de son mari, il ne lui permet
tait de se remarier qu'en présentant un certificat de cett
mort et seulement un an après. Si la femme s'est remarié
sans avoir observé ces formalités, elle encourt la pein
de l'adultère, c'est-à-dire la mort, ainsi que son secon
époux. Justinien prononce encore une amende de dix li
vres d'or au profit du prétendu mort, contre celui qui aurai
témoigné faussement de la mort du premier mari : « Quo
autem a nobis sancitum est de iis qui in expeditionibus sun
et in militiis constituti, melius ordinare perspeximus et ju

bemus quantoscumque annos in expeditione manserint sustinere eorum uxores : licet nec literas, nec responsum aliquod a suis maritis susceperint. Si qua vero ex hujus modi mulieribus suum maritum audierit esse mortuum, neque tamen ad alias eam venire nuptias sinimus nisi pruis accesserit mulier aut per se, aut per suos parentes, aut per aliam quamcunque personam ad priores numeri chartularios in quo hujus modi maritus militabat : et eos seu tribunum (si tamen adest) interrogaverint si pro veritate mortuus est ejus conjux : ut illi sacris Evangeliis propositis sub gestis monumentorum deponant si pro veritate vir mortuus est. Etiam post hoc jubemus manere eam per unius anni spatium ut etiam post hunc decursum liceat legitimas contrahere nuptias. Si autem præter hanc observationem mulier præsumpserit ad aliud venire matrimonium, et ipsa, et qui ducit eam uxorem velut adulteri puniantur. »

Le droit canonique se conforma à cette disposition : Ch. in præsentia 19 Decretales, de sponsalibus et matrimoniis. « Quamvis pro juvenili ætate et fragilitate carnis nequeant continere, tamen quantocumque annorum numero elapso viventibus maritis non possunt ad aliorum consortium convolare, donec certum nuntium receperint de ipsorum morte. » — Ch. Dominus, De secundis nuptiis.

En France, où, quant au sort des biens de l'absent on suivait en général le principe de la présomption de sa mort ; quant à ce qui concernait le lien du mariage, la jurisprudence unanime suivait les canons de l'Église. La femme d'un absent ne pouvait se remarier à moins de justifier de la mort de son mari. « Vinculum matrimonii indissolubile est atque adeo sola morte unius e conjugibus dissolvi potest. » (Dictionnaire de droit et de pratique de de Ferrière, verbo absent. Bretonnier, Recueil alphabétique, verbo absent.) On était même très-sévère quant à l'admission des preuves de cette mort. (28me plaidoyer de d'Aguessau, 25 janvier 1694, t. III, p. 12.)

Un arrêt du parlement de Paris (portant règlement) du 9 février 1640, cité par Bretonnier, « fait défense à tous curés ou vicaires de passer outre à la célébration d'aucun mariage des personnes qui se diront veuves sans avoir un certificat en bonne forme que le mari ou la femme de ceux qui se présenteront est décédé. »

Tel était le système à peu près universel de l'ancienne jurisprudence française. Il appartenait aux lois révolutionnaires sur la matière, dont on peut dire que pour elles toute cause, sauf l'adultère, était un motif de divorce, de revenir au principe de la loi 7 C. de repudiis. En effet, la loi du 20 septembre 1792 sur le divorce, portait, art. 4 : « Chacun des époux peut également faire prononcer le divorce sur des motifs déterminés, savoir... : 6° sur l'absence de l'un d'eux sans nouvelles, au moins pendant cinq ans ; 7° sur l'émigration. » Et article 17 : « Dans le cas de divorce pour absence de cinq ans sans nouvelles, l'époux qui le demandera pourra également se pourvoir directement devant l'officier public de son domicile, lequel prononcera le divorce sur la présentation d'un acte de notoriété constatant cette longue absence. »

Arrivons au Code Civil. La commission, nommée par le gouvernement le 24 therm. an VIII, proposait l'article suivant, c'était l'art. 27 du projet : « L'absence de l'un des époux sans que l'on ait reçu de ses nouvelles ne suffit point pour autoriser l'autre à contracter un nouveau mariage, il n'y peut être admis que sur la preuve positive du décès de l'autre époux, à moins que l'absent ne soit parvenu à l'âge de 100 ans accomplis. » Cette dernière disposition fut écartée dans la discussion au Conseil d'Etat, comme contraire au principe de l'indissolubilité du lien du mariage; d'ailleurs, à cette époque, l'époux présent est ordinairement trop avancé en âge pour désirer de former un mariage nouveau. Il ne parut même pas nécessaire de conserver la première partie de la rédaction proposée par la commission, les principes sur la matière étant constants, et leur place naturelle étant au titre du mariage. Art. 147 : « On ne peut contracter un second mariage avant la dissolution du premier. » Et art. 227 : « Le mariage se dissout 1° par la mort de l'un des époux. » Ainsi, sous la loi qui nous régit, la présomption résultant de l'absence la plus longue et de l'âge le plus avancé, fût-il même de 100 ans, ne suffit pas pour dissoudre le mariage; rien ne peut remplacer la preuve du décès. L'époux qui contreviendrait et l'officier qui prêterait son ministère, s'exposeraient aux dispositions pénales contre la bigamie, art. 340 C. P. Nous pensons avec MM. Toullier, n° 483, et Duranton, n° 523, que toutes les personnes que la loi admet à former des oppositions, et même le ministère public, le pourraient dans ce cas.

Cette première question résolue, il s'en présente une autre bien plus embarrassante, et sur laquelle les auteurs sont dans le plus entier désaccord. La voici : Qu'arrivera-t-il si le conjoint de l'absent, soit qu'il ait été trompé par de fausses nouvelles de la mort de son conjoint et se soit par conséquent cru libre, soit même indépendamment de cette circonstance, a contracté un nouveau mariage; ce nouveau mariage est-il radicalement nul ? sinon qui peut en demander la nullité ?

Nous avons déjà vu qu'en droit romain, d'après la Novelle 117, le second mariage était radicalement nul. Sous l'ancienne jurisprudence française le retour du premier mari forçait son conjoint de retourner avec lui, sous peine d'adultère (ch. 19, Decret. de sponsal. et matrim. Bretonnier, de Ferrière). On ne peut pas dire cependant qu'il y eût une nullité radicale. On lit dans le 28e plaidoyer de d'Aguesseau, déjà cité : « Quoiqu'il n'y ait pas d'obstacle plus invincible que celui d'un premier mariage, on ne doit pourtant pas prononcer la nullité du second engagement jusqu'à ce qu'il soit absolument certain que le premier mari était vivant dans le temps du second mariage, jusque-là on ne prononce pas la dissolution, on oblige ceux qui ont été mariés dans cet état d'incertitude à demeurer séparément. »

C'était là une jurisprudence parfaitement sage et basée, à notre avis, sur les vrais principes ; en effet, comme le disait l'avocat-général Gilbert des Voisins : « L'incertitude de la mort de l'un des époux ne doit jamais suffire pour contracter un mariage nouveau, mais elle ne doit jamais suffire aussi pour troubler un mariage contracté. » La commission nommée le 24 thermidor an VIII, pour préparer un projet de code présentait, après l'art. 27 déjà cité plus haut, un article ainsi conçu qui admettait et exposait cette doctrine. Art. 28 : « Si néanmoins il arrivait qu'il eût été contracté un nouveau mariage, il ne pourrait être dissous sous le prétexte de l'incertitude de la vie ou de la mort de l'absent, et tant que l'époux qui avait disparu ne se représente point ou ne réclame point par un fondé de procuration spéciale muni de la preuve positive de l'existence de cet époux. » Voilà l'article du projet, voici maintenant celui du code : « Art. 139. L'époux absent dont le conjoint a contracté une nouvelle union sera *seul recevable* à attaquer ce mariage par lui-même ou par son fondé de pouvoir muni de la preuve de son existence. » Que s'est-il donc passé, quels arguments irrésistibles ont donc surgi à la discussion pour motiver un pareil changement de système, un changement si important ; en effet si, comme sous l'ancienne jurisprudence et comme le proposait le projet, il fallait, pour pouvoir attaquer le second mariage, rapporter la preuve de l'existence du premier époux, au moins quand cette preuve était faite ou quand l'époux avait reparu, rien ne restreignait l'action en nullité contre ce second mariage, devenu par la certitude de la vie du premier époux un scandale public. Mais maintenant l'époux *seul*, ou son fondé de pouvoir, c'est-à-dire celui qui exécutera ses ordres, pourront attaquer ce mariage, à l'exclusion des intéressés, du procureur-général, organe de la morale publique, à l'exclusion de l'époux lui-même, de bonne foi, trompé par de fausses nouvelles, et auxquelles il répugnerait, lorsqu'il en aurait reconnu la fausseté, de vivre pour ainsi dire dans un état d'adultère continuel. L'art. 139 déroge expressément aux art. 147, 184, 190 du titre du mariage. — Art. 147 : « On ne peut contracter un second mariage avant la dissolution du premier. » — Art. 184 : « Tout mariage contracté en contravention aux dispositions contenues aux articles .... 147 peut être attaqué soit par les époux eux-mêmes, soit par tous ceux qui y ont intérêt, soit par le ministère public, » et art. 190 : « Le procureur du roi, dans tous les cas auxquels s'applique l'art. 184 et sous les modifications portées en l'art. 185 (défaut d'âge compétent), *peut et doit* demander la nullité du mariage du vivant des deux époux et les faire condamner à se séparer. » En effet, on ne peut dire que le titre des absents a été promulgué avant celui du mariage, et invoquer la maxime : posteriora derogant prioribus ; ces titres ayant reçu par la loi du 30 ventose an XII une nouvelle et commune promulgation, de telle sorte qu'aucune disposition ne peut avoir été abrogée par une subséquente. — Recherchons donc les motifs de la disposition nouvelle, disposition contraire à la jurisprudence universelle, contraire au projet, contraire à la doctrine du Code civil lui-même. Voici le procès-verbal (inédit) de la séance du Conseil d'État du 4 frimaire an X, que nous trouvons dans le 1er volume de Locré, Législation de la France. « La section III, intitulée : *Des effets de l'absence relativement au mariage*, est soumise à la discussion. »

« M. *Berenger* dit que les articles **27** et **28** *paraissent* se contrarier.

« M. *Tronchet* répond qu'ils ne se contrarient point et érigent en loi la belle maxime de Gilbert des Voisins.

« M. *Thibeaudeau* dit que quoique la sagesse de ces maximes ne puisse être contestée, il y a quelque inconvenance dans la manière dont elles sont rédigées.

« Le consul *Cambacérès* propose d'effacer l'art. **27**, d'énoncer d'abord la disposition de l'art. **28** et de rédiger ainsi la fin de cet article : « Néanmoins si l'époux absent se représente, ce mariage sera déclaré nul. »

« M. *Thibeaudeau* dit qu'il rédigera un article dans ce sens : « que l'époux absent pourra seul attaquer le mariage de son conjoint. »

« La proposition du consul *Cambacérès* est adoptée. »

Puis à la séance du **12** frimaire an **X** nous lisons : « M. *Thibeaudeau* présente la dernière rédaction du projet de loi sur les absents. » L'art. **26** de ce projet est l'art. **139** du code.

Nous ferons deux observations sur ce procès-verbal. Et d'abord, les voilà donc ces raisons puissantes : c'est que les deux articles du projet semblent se contrarier, l'un posant une prohibition de mariage ; l'autre déterminant ce qui arriverait si cette prohibition est enfreinte (Locré, Esprit du Code civil, t. II, sur l'art. **139**), « il ne faut pas, » dit-on, « que la loi en prévoyant la possibilité de tels mariages paraisse les autoriser ouvertement. » Comment ! une loi qui après une prohibition en pose dans l'article suivant la sanction *paraît en prévoyant la possibilité* d'une *violation, l'autoriser ouvertement.* Et encore admettant cela, comment y remédie-t-on ? Le but qu'on se propose, c'est de montrer qu'on ne veut pas *prévoir* l'infraction, qu'on ne la regarde pas comme possible ; pour cela que fait-on ? on efface la prohibition et l'on transforme l'article contenant la sanction de telle manière qu'en la subordonnant à la volonté de l'époux absent on la rend le plus souvent illusoire !!! — En second lieu, en examinant le procès-verbal, nous y voyons qu'après que M. Thibeaudeau eut proposé la rédaction qu'il inséra dans le projet, la proposition du consul Cambacérès fut adoptée. Or cette proposition c'était justement le contraire, c'était de faire des deux articles du projet un article unique en ces termes : « S'il arrivait que le conjoint d'un absent eût contracté un nouveau mariage, il ne pourrait être dissous sous le seul prétexte de l'incertitude de la vie ou de la mort de l'absent, et tant que l'époux qui avait disparu ne se représente point ou ne réclame point par un fondé de procuration spéciale, muni de la preuve positive de l'existence de cet époux, néanmoins si l'époux absent se représente, ce mariage sera déclaré nul. »

Nous pensons être fondé à dire que ce fatal art. 139 du Code civil, qui dépare le titre des absents, cet article que nous avons démontré directement contraire à l'opinion de la majorité du Conseil d'État, et dont le système ne fut ni soutenu ni même énoncé par personne à la discussion, est le résultat de l'opinion individuelle de M. Thibeaudeau, de la singulière usurpation de pouvoir qu'il se permit, usurpation qui ne passa inaperçue que grâce à l'extrême précipitation avec laquelle il fut procédé dans la dernière séance sur ce titre.

Néanmoins l'art. 139 est inséré dans le code; dura lex sed lex, — les parents et ascendants de l'absent, ni les autres intéressés connaissant son existence, ne pourront faire valoir la nullité : il faut l'intervention de l'époux ou de son fondé de pouvoir. Même après son retour, le droit d'attaquer le second mariage lui est personnel ; ni les intéressés ni le ministère public ne pourront le faire à sa place (Toullier, tome I, nᵒ 484 et 485. Zachariæ, tome I, nᵒ 159. Proudhon, I, p. 165). Nous ne pouvons admettre l'opinion de Delvincourt, tome I, notes sur la page 50, Duranton, I, nᵒ 527, qui, se basant sur les conséquences déplorables de l'art. 139, soutiennent que cet article n'est applicable que tant qu'il y a incertitude sur la vie de l'absent ; mais que dès qu'il reparaît, ou que son existence devient certaine, l'art. 184 seul résout la question de savoir à qui appartient le droit de demander la nullité de la nouvelle union ; ni celle de Moly, nᵒ 509 et suivants, qui arrive au même résultat, en se fondant sur la discussion. — Nous sympathisons pleinement avec les deux premiers auteurs quant aux monstrueuses conséquences qui découlent logiquement de l'art. 139, et avec le troisième quant à la manière illégale dont il a été introduit. — Oui, cela est vrai ; cet article est absurde, immoral, contraire au système du code, il n'est point résulté de l'opinion de la majorité des rédacteurs ; nous pouvons désirer qu'il soit abrogé ou modifié par une loi interprétative ; mais il est dans le code, il a force de loi, et nous ne pouvons aller contre ses termes clairs et précis.

Cet article est absurde et contraire au système du code, il est immoral, avons-nous dit. En effet, d'un côté, article 129, pour les biens, l'envoi définitif a lieu après trente ans depuis l'envoi provisoire, ou quand l'absent aurait atteint l'âge de cent ans, tandis que jamais le mariage n'est présumé rompu à quelque âge que fût arrivé l'absent ; de l'autre, art. 132, de simples nouvelles de l'absent font cesser les effets de l'envoi définitif, tandis que, art. 139, elles sont sans résultat quant au second mariage qui aurait eu lieu. Par le retour de l'absent, tous les effets de l'absence cessent, le second mariage seul subsistera ! Le législateur n'a pas voulu que l'absence, quelque longue qu'elle soit, fût une cause de divorce ; nous voyons au titre du divorce de combien de difficultés, de formalités minutieuses il a entouré le divorce par consentement mutuel ; eh bien, comme le fait remarquer Delvincourt, l'art. 139 fournit à des époux un moyen facile et prompt de rompre une chaîne qui leur est devenue pesante ; l'un d'eux n'a qu'à s'absenter sans donner de nouvelles, l'autre prendrait un nouveau domicile où son premier mariage ne serait pas connu, il y en contracterait un second ; le premier époux pourrait ensuite revenir, et comme nul autre que lui n'aurait le droit d'attaquer le mariage, il n'y aurait aucun remède à ce honteux scandale.

Il peut se présenter, grâce à cet article, des difficultés inextricables. Ainsi, sans même supposer la mauvaise foi, l'épouse d'un absent peut s'être remariée se croyant libre, plus tard l'absent revient et n'use pas du bénéfice de l'art. 139 ; ce qui peut se comprendre même sans motifs honteux. En effet, ne se peut-il pas qu'il lui répugne d'aller reprendre la compagne de sa vie dans les bras d'un autre ? Si maintenant il naît des enfants, à qui seront-ils ? Art. 312 : « L'enfant conçu pendant le mariage a pour père le mari. » Mais lequel des deux est le mari ? Nous ne voyons aucun moyen de décider. On ne peut prétendre que le premier mariage est dissous, ce serait une nullité d'une nouvelle espèce, le premier mari ne pourra alléguer l'impossibilité physique, art. 312 ; d'un autre côté, le second mariage n'est pas non plus anéanti ; tant qu'il subsiste, il doit produire ses effets civils. Voilà des enfants qui ont deux pères légitimes ; voici maintenant une femme qui aura des enfants légitimes de deux maris. Supposons que les deux époux, dont l'un s'est absenté, viennent à se réunir ; les enfants qui naîtront de cette union ne peuvent être considérés comme enfants naturels, il en serait de même de ceux qui, pendant le même temps, naîtraient du second mariage. Si c'est la femme qui s'est absentée, nous pourrons voir un homme ayant à la fois des enfants légitimes de deux femmes différentes. Et qu'on ne nous objecte pas qu'il y aura lieu à poursuites pour bigamie ; il est très-contestable que ces poursuites puissent avoir lieu ; en effet (Chauveau et

Faustin, chap. 51), il faut trois éléments pour constituer le crime de bigamie : lien d'un premier mariage, second mariage contracté avant la dissolution du premier, dol ; la bonne foi exclut le crime, le code pénal de **1791** le disait expressément, et si notre code ne l'a pas répété, l'orateur au corps législatif explique les motifs de ce silence : « Si les auteurs du projet n'ont pas cru devoir reproduire textuellement cette exception, c'est moins pour la défendre que parce qu'il est inutile de l'énoncer ; elle est de droit commun, elle est consignée dans ce principe antérieur à tous les codes, que là où il n'y a point de volonté il ne peut y avoir de crime. »

Si donc le second mariage a été contracté de bonne foi, c'est-à-dire dans la croyance de la dissolution du premier, nous ne pensons pas que d'innocent qu'il était d'abord, il puisse, au point de vue de la pénalité, devenir criminel. Et lors même que l'époux serait puni comme bigame, d'abord ce sera sans effet quant à la légitimité des enfants, ensuite il y aurait là contradiction flagrante : l'époux serait puni pour avoir contracté un second mariage avant la dissolution du premier, et cependant la nullité du second mariage ne pourrait être demandée.

On pourra nous opposer ce qui arrive dans le cas d'adultère de la femme, l'action est aussi donnée au mari seul qui peut toujours en arrêter l'effet, art. 309 C. C., art. 337 C. P. Le ministère public ne peut non plus poursuivre d'office si le mari ne le fait pas. Mais il ne nous sera pas difficile de faire sentir la différence. Dans le cas d'adultère, le motif de la disposition est évident, on a voulu éviter le scandale ; mais ici, refuser au ministère public l'action si le mari ne poursuit pas, c'est, au contraire, créer un scandale, c'est en rendre complice la société tout entière.

Voilà, nous ne croyons pas qu'on puisse le nier, les conséquences de l'art. 139; elles étaient bien loin de la pensée du Conseil d'Etat qui l'a proposé, du tribunat qui l'a approuvé, du corps législatif qui l'a sanctionné. Voici ce que disait Leroy dans son rapport au tribunat dans la séance du 21 ventôse, an XI : « La faculté d'attaquer une nouvelle union est laissée à l'époux absent, mais elle est bornée à lui seul ou à son fondé de pouvoir. Il eut été peu sage de multiplier des occasions de procédures toujours scandaleuses, l'honnêteté publique devait ici l'emporter sur toute espèce de considération. » N'est-il pas bizarre qu'on invoque la crainte du scandale et l'honnêteté publique pour justifier cette disposition. Mais, nous le répétons, c'est *la loi*, nous devons la subir.

Remarquons que, jusqu'à présent, nous n'avons pas distingué entre l'absent déclaré et le simple présumé absent; nous croyons nous être placé sur un terrain favorable pour soutenir que ces dispositions ne sont applicables qu'au premier. Nous avons vu qu'elles sont exceptionnelles, les exceptions doivent être interprétées strictement; nous avons montré qu'elles sont odieuses, odiosa sunt restringenda. Or, l'art. 139 dit : « L'époux *absent* dont le conjoint, etc. » Un *absent*, dans le titre IV, c'est celui qui a été *déclaré* tel par un jugement; lorsque la loi veut parler de ceux dont l'absence est seulement présumée, elle a soin de le dire : art. 112 et 114; lorsqu'elle veut comprendre à la fois les deux classes d'absents, elle se sert d'une expression générale; art. 135 et 136. « Un individu dont l'existence ne sera pas reconnue; » art. 141 : « si le père a disparu; »

art. 143 : « l'un des époux qui aurait disparu. » L'art. 139 est placé d'ailleurs au chapitre qui traite des effets de l'absence, ce qui suppose qu'elle était déclarée. Comme le remarque Duranton, t. I, n° 256, si le ministère public ne peut agir même dans ce cas, les dispositions des art. 147 et 184 seront presque sans application ; on ne peut supposer, en effet, qu'un époux contracte un second mariage, pour ainsi dire, sous les yeux de son conjoint ; et dans ce système, quel temps devra s'être écoulé depuis la disparition jusqu'à la célébration du mariage, pour rendre le ministère public non recevable à l'attaquer ? Sera-ce un mois, six mois, un an, deux ans ? Impossible de fixer un terme, il faut donc décider que l'art. 139 ne s'applique qu'au cas où l'absence était déclarée à l'époque du second mariage.

C'est l'opinion de MM. Proudhon, t. I, p. 165 ; Toullier, t. I, n° 485 ; Duranton, t. I, n° 526 ; Delvincourt, t. I, notes sur la p. 51 ; Vazeille (du mariage), t. I, n° 225 ; mais nous avons contre nous Mr. Zachariæ, t. I, n° 159, et un arrêt de Lyon, 3 février 1830. Sir. XXX. 2, 227, très-faiblement motivé.

En résumé, nous pensons qu'il n'y a pas nullité radicale du mariage contracté par l'époux d'un absent ;

Que les parents de l'époux absent, les intéressés connaissant son existence, ne peuvent être admis à demander la nullité du second mariage, l'intervention de l'époux ou de son fondé de pouvoir est absolument nécessaire ;

Que lorsque l'époux absent se représente le droit d'attaquer, le second mariage ne reste pas moins un droit personnel, que ni ses parents, ni le ministère public ne peuvent exercer à son défaut.

Enfin que ces dispositions ne sont point applicables au simple présumé absent.

CHAPITRE II.

Des effets de l'absence quant à l'administration des biens des époux.

—

Quel que soit le régime sous lequel l'absent et son conjoint se sont mariés, il y a entre eux, pendant le mariage, une communauté d'intérêts, plus ou moins étendue il est vrai, mais qui n'en existe pas moins toujours, ne serait-ce que pour la vie commune aux dépenses de laquelle chacun doit contribuer, eu égard à sa fortune propre.

Examinons quels effets produit l'absence sur l'administration, la gestion des biens qui forment soit le fond social de la société conjugale, soit la fortune propre de chacun des associés.

Ces effets ne se bornent point à ceux que prévoit l'article 124, le seul du titre des absents qui s'occupe de cette matière.

I. *En premier lieu, pendant la période de la présomption d'absence :*

A. *Si c'est la femme qui est présumée absente*, il n'y a, en général, aucune mesure extraordinaire à prendre. Le mari qui, tant qu'elle était présente, avait, dans la plupart des cas, l'administration de ses biens, conserve, à cet égard, tous ses droits. Ainsi, sous le régime de communauté soit légal, soit conventionnel, art. 1421 comb. 1528, le mari a l'administration et même, en quelque sorte, la propriété des biens qui rentrent dans la communauté, sous les restrictions contenues dans les art. 1422 et 1423; à l'égard des biens personnels de la femme, art. 1428, « il en a l'administration, » il peut exercer seul toutes les actions mobilières et possessoires qui lui appartiennent; il est responsable de tout dépérissement causé par défaut d'actes conservatoires. Art. 818, il peut provoquer seul le partage d'une succession soit mobilière, soit immobilière échue à sa femme et tombant dans la communauté; si elle n'y tombe pas il ne peut provoquer le partage définitif sans son concours, mais ayant le droit de jouir des fruits entrant dans la communauté, art. 1401; 2° il peut provoquer un partage provisionnel. Il ne peut, art. 1428, aliéner les immeubles personnels de sa femme, ni, par conséquent, exercer les actions immobilières dont pourrait résulter une aliénation. En résumé, il n'aura besoin d'autorisation de justice que pour les actes qui excéderaient les bornes de l'administration des biens personnels de sa femme, et pour ceux qu'il ne peut faire seul. — Sous le régime d'exclusion de communauté, art. 1530, 1531, le mari est administrateur des biens de sa femme à titre d'usufruitier, « il en perçoit les fruits pour subvenir aux charges du mariage; » il perçoit le mobilier qu'elle lui apporte en dot ou qui lui échoit pendant le mariage, sauf restitution. Pour toutes actions immobilières, il aura besoin d'autorisation de justice. — Sous le régime de séparation de biens, soit conventionnel, art. 1535, soit judiciaire, art. 1449, le mari n'est pas administrateur, il aura toujours besoin d'être autorisé; il peut demander, pour subvenir aux charges du mariage, dans le premier cas la part des revenus des biens de sa femme stipulée par le contrat, et à défaut, jusqu'à concurrence du tiers de ces revenus, art. 1537; dans le second, proportionnellement à leurs facultés réciproques, et s'il n'a rien lui-même, pour le tout, art. 1448.— Sous le régime dotal, le mari seul a l'administration des biens dotaux, art. 1549, lui seul a le droit d'en poursuivre les débiteurs et détenteurs, d'en percevoir les fruits et intérêts, et de recevoir le remboursement des capitaux; il a les actions mobilières, les actions possessoires, et même les actions pétitoires, puisque l'art. 1549 lui donne le droit de poursuivre sans distinction; d'ailleurs, art. 1562, il est responsable.

Pour ce qui est de l'aliénation des immeubles dotaux, art. 1555, dans les cas où le mari ne pourrait agir seul, et dans ceux où même le consentement de la femme ne suffirait pas, il devra provoquer en justice les mesures qui seraient nécessaires, art. 112. — Quant aux biens paraphernaux, le mari, art. 1576, n'a aucun droit à leur administration ni à leur jouissance qui appartiennent à la femme, sauf la disposition de l'art. 1575; il lui faudra toujours autorisation, à moins que sa femme ne lui ait donné procuration pour administrer, art. 1577.

B. — *Si c'est le mari qui est dans le cas de présomption d'absence*, la femme aura dans la plupart des cas besoin de l'autorisation de justice pour administrer soit les biens de son mari, soit ceux de la communauté, soit même les siens propres, pour percevoir les revenus et prendre telles autres mesures. — Ainsi sous le régime de séparation, art. 1538, elle a toujours besoin d'être autorisée pour aliéner ses *immeubles*, sous le régime dotal pour aliéner ses *biens* paraphernaux et paraître en jugement à raison desdits biens, art. 1576. — Sous le régime de communauté elle n'a l'administration d'aucuns biens, art. 1421, 1428, ni sous le régime dotal à l'égard des biens dotaux. — L'art. 222, au titre du mariage, porte : « si le mari est interdit ou absent, le juge peut en connaissance de cause autoriser la femme soit pour ester en jugement, soit pour contracter, » et l'art. 863, Code de proc. civ., détermine le mode de cette autorisation : « dans le cas de l'absence présumée du mari ou lorsqu'elle aurait été déclarée la femme qui voudra se faire autoriser à la poursuite de ses droits, présentera requête au président du tribunal qui ordonnera la communication au ministère public et commettra un juge pour faire son rapport au jour indiqué. » — Caen, 4 juin 1829, a jugé qu'il peut être nommé un Conseil judiciaire à la femme de l'absent.

Lorsque l'absence a duré quatre ans, l'époux présent est une des *parties intéressées* qui, art. 115, peuvent provoquer la déclaration d'absence ; il doit même la provoquer dans l'intérêt des enfants mineurs, surtout si c'est la femme, la déclaration d'absence mettra un terme aux difficultés continuelles qu'elle rencontre dans sa gestion.

II. *Après la déclaration d'absence.* — Si l'absent ne laisse ni parent en degré successible, ni enfant naturel, l'art. 140, d'accord avec les principes du titre des successions, art. **767**, accorde à l'autre époux le droit de demander l'envoi en possession provisoire des biens au même titre et sous les mêmes conditions que les autres héritiers présomptifs.

Mais si l'époux absent avait des parents, le jugement qui déclare cette absence devait-il mettre fin, à leur profit, à la société de biens qui existait entre les époux? Voici ce que disait, à cet égard, *Bigot-Préameneu* dans son exposé des motifs au Corps législatif sur le titre de l'absence, **12** ventose an XI. « La raison et l'équité veulent que l'époux présent, dont la situation est déjà si malheureuse, n'éprouve dans sa fortune que le moindre préjudice et surtout qu'il n'en souffre pas au profit des héritiers et par leur seule volonté ; si l'incertitude a suffi pour les mettre en possession provisoire des biens de l'absence, ce n'est pas sur une incertitude que les héritiers n'ayant qu'un droit précaire et provisoire peuvent, contre la volonté des parties, rompre un contrat synallagmatique. » Le tribun *Leroy,* dans son rapport au tribunat, séance du **21** ventose an XI, disait : « Il paraît d'une justice difficile à contester que le conjoint soit préféré, d'abord si l'on considère l'avantage de l'absent lui-même, on sentira que personne ne pouvait offrir plus de garanties d'une administration soigneuse que l'individu qui, en administrant la fortune de l'absent, administrera aussi dans cette fortune la sienne propre. Nulle autorité n'a le droit de rompre la communauté, elle a pour garantie la loi du contrat de mariage, et ce contrat ne peut être anéanti contre la volonté d'une des parties intéressées à le maintenir. Les droits des conjoints sont positifs ; ceux des héritiers présomptifs, de leur nature toujours incertains, ne pourraient soutenir la concurrence. » — Cependant l'art. 124 ne donne le droit d'empêcher l'envoi provisoire qu'à l'époux commun en biens; il semble cependant que les principes énoncés s'appliquent aussi bien aux autres régimes.

L'art. 212, au titre du mariage, dit que « les époux se doivent mutuellement fidélité, *secours, assistance.* » Art. 214 : « Le mari est obligé de la recevoir (sa femme), et de lui fournir tout ce qui est nécessaire pour les besoins de la vie, selon ses facultés et son état. » — Art. 1530 (sous le régime exclusif de communauté) : « Les fruits des biens de la femme sont censés apportés au mari pour soutenir les charges du mariage. » — Art. 1637 (sous le régime de séparation de biens conventionnelle) : « Chacun des époux contribue aux charges du mariage suivant les conventions contenues en leur contrat de mariage, et s'il n'en existe pas à cet égard, la femme contribue à ces charges jusqu'à concurrence du tiers de ses revenus. » — Art. 1448 (séparation judiciaire) : « La femme qui obtient la séparation de biens doit contribuer proportionnellement à ses facultés et à celles du mari, tant aux frais du ménage qu'à ceux d'éducation des enfants communs; elle doit supporter entièrement ces frais, s'il ne reste rien au mari. » — Art. 1540 (régime dotal) : « La dot est le bien que la femme apporte au mari pour supporter les charges du mariage. » — Art. 1575 : « Si tous les biens de la femme sont paraphernaux, et s'il n'y a pas convention dans le contrat pour lui faire supporter une portion des charges du mariage, la femme y contribue jusqu'à la concurrence du tiers de ses revenus. » N'est-il pas aussi vrai, sous chacun de ces régimes, que sous celui de communauté, que « ce n'est pas sur une incertitude que les héritiers n'ayant qu'un droit précaire et provisoire peuvent, contre la volonté de l'une des parties, rompre un contrat synallagmatique. » Voici à cet égard ce que nous trouvons dans la Législation civile de Locré, t. IV, p. 75 : « M. de Malleville disait : « S'il y a communauté, la femme doit avoir l'option; s'il n'y en a pas, les héritiers doivent être envoyés en possession. » M. Tronchet disait : « La provision doit être accordée à la femme, même quand il n'y a pas de communauté, parce que la femme non commune profite du revenu de son mari. » Cette question divisa le Conseil d'État. On décida que la section rédigerait deux projets, un dans chaque système. Cette décision n'eut pas de suites. »

De Moly, n° 562, et Talandier, p. 168 et 169, pensent, et nous croyons avec raison, que l'époux présent, non commun en biens, et par conséquent exclu de la faculté de demander la possession provisoire (sauf dans le cas de l'art. 140, où l'époux absent n'a point laissé de successibles), aurait le droit, au moins dans le cas où il ne possèderait pas des biens propres suffisants pour ses besoins eu égard à son état, de demander sur ceux de son conjoint absent une pension proportionnée au rang qu'il est appelé à tenir, et cela jusqu'à concurrence du tiers des revenus de ces biens.—Duranton, t. I, n° 452, paraît contraire, parce que, dit-il, s'il y a des enfants, l'époux aura la jouissance des biens de son conjoint absent dont ils auront été envoyés en possession; s'il n'y en a pas, il n'y a plus de charges du mariage.—Cet argument ne nous paraît pas fondé en droit; en effet, les *charges du mariage* ne consistent pas seulement dans celles d'éducation des enfants; l'art. 1448, qui ne se sert pas de cette expression, la paraphrase par celle-ci : « les frais du ménage et ceux d'éducation des enfants communs. » N'y aurait-il pas d'ailleurs inconvenance à voir tous les biens de l'absent passer à des collatéraux, tandis que son époux, qui porte son nom, serait, le lien du mariage subsistant, dans un état voisin de la misère.

Abordons maintenant l'examen de l'art. 124. « L'époux *commun en biens*, s'il opte pour la continuation de la communauté, pourra empêcher l'envoi provisoire et l'exercice provisoire *de tous les droits* subordonnés à la condition du décès de l'absent et *prendre* ou *conserver* par préférence l'administration des biens de l'absent : si l'époux demande la dissolution provisoire de la communauté, il exercera ses reprises et tous ses droits légaux et conventionnels, à la charge de donner caution pour les choses susceptibles de restitution. — La femme en optant pour la continuation de la communauté conservera le droit d'y renoncer ensuite. » — A ne considérer que cet article, on pourrait croire que l'époux n'a l'option que lorsque l'envoi provisoire a été préalablement accordé aux héritiers présomptifs, mais alors il dépendrait de ces derniers, en ne demandant pas cet envoi, de retarder indéfiniment l'option de l'époux présent ; d'ailleurs, comme le remarque Merlin (Répertoire, v° Absent., sur l'art. 124), le point de départ du délai de trente ans, après lequel, en cas de continuation de l'absence, l'art. 129 autorise les ayants droit à demander le partage définitif, c'est « l'envoi provisoire ou l'époque à laquelle l'époux commun en biens a pris l'administration des biens de l'absent ; » il en résulte évidemment que l'époux peut exercer son option avant l'envoi provisoire obtenu ; en effet, s'il ne le pouvait qu'après, le délai courrait indifféremment du jour de l'envoi provisoire. — *L'époux commun en biens* aura donc, dès la déclaration d'absence qu'il a pu provoquer, art. 115, le droit que lui donne l'art. 124 d'empêcher l'envoi en possession provisoire des héritiers ; mais qui désigne cet article par cette expression ? Nous pensons que, vu la généralité, elle comprend la communauté conventionnelle modifiée de l'une des manières indiquées dans l'art. 1497, aussi bien que la communauté légale, et même le régime dotal avec stipulation de communauté d'acquêts, art. 1581, car « les effets de cette société doivent être réglés conformément aux art. 1498 et 1499, » qui régissent la communauté réduite aux acquêts (Toullier, t. I, n° 467. Duranton, t. I, n° 450. Zachariæ, t. I, § 153. De Moly, n° 561. Bellot des Minières, t. II, p. 23 et suiv. Boileux, Comm. sur l'art. 124). N'est donc exclu que l'époux marié sous le régime dotal pur, ou sans communauté, ou avec stipulation de séparation de biens, ou enfin celui entre lequel et son conjoint serait survenu un jugement de séparation de biens.

Nous traiterons séparément les deux cas dont s'occupe l'art. 124.

Celui où l'époux présent commun en biens opte pour la continuation de la communauté.

Celui où il opte pour sa dissolution provisoire.

A. Dans la première hypothèse. — L'option pour la continuation de la communauté empêche l'envoi en possession des héritiers ainsi que l'exercice de *tous les droits* subordonnés à la condition du décès de l'absent ; il n'y a pas lieu de distinguer, cette disposition devra donc s'appliquer au cas où l'absent était donataire ou acquéreur en usufruit, ou grevé de substitution ou donataire avec stipulation de droit de retour ; quoiqu'on puisse dire que la préférence accordée à l'époux sur les héritiers, n'est pas aussi bien justifiée quand elle s'exerce, par exemple, au préjudice du nu-propriétaire dont le droit peut ainsi devenir illusoire.

Nous traiterons ici une question très-controversée, celle de savoir si le mari et la femme qui optent pour la continuation de la communauté, sont tenus de donner caution.

Malleville, t. I, p. 140, se décide pour l'affirmative par argument de l'art. 129, auquel il fait dire : Si l'absence a continué pendant trente ans depuis l'époque à laquelle l'époux commun aura pris l'administration des biens de l'absent, les cautions seront déchargées. De Moly, de même, nº 580 et suivant, son principal argument consiste en ce que dit-il, dans le procès-verbal du Conseil-d'Etat du 22 vendém. an XI, l'art. 13 correspondant à l'art. 124 du Code, offre deux points (:) après les mots *des biens de l'absent*. Que c'est donc à tort que dans l'édition originale et seule officielle (an XI, 1804), les mots *des biens de l'absent* sont suivis d'un point (.). Or, s'il y a deux points (Dictionnaire de l'Académie, verbo point), cette ponctuation n'annonce que la fin d'une période dont le sens est, à la vérité, complet, mais qui est suivi de *quelque chose* qui s'y rattache, soit pour modifier, soit pour expliquer, soit pour étendre ce sens. Ce *quelque chose*, c'est le membre de phrase qui termine l'alinéa. La lettre de l'art. 124 contient donc suivant lui l'obligation du bail de caution pour le cas de continuation de communauté ! Suivant Toullier, t. I, nº 466, fine, « le mari ne doit donner caution qu'à l'égard des biens exclus de communauté, » et n° 470, « la femme pour les biens même de communauté. »

Pour nous, nous pensons avec Favard de Langlade, Rép., t. I, p. 20, Duranton, t. I, n° 466, Proudhon, t. I, p. 173, Bellot des Minières, t. II, p. 8 et suiv.. Zachariæ, t. I, p. 301, que ni le mari ni la femme ne sont, dans ce cas, astreints à donner caution. Nous n'avons pas besoin de combattre l'argumentation de de Moly, même en lui accordant ses deux points ; qu'on lise l'art. 124 et que, sans recourir au Dictionnaire de l'Académie pour obscurcir une question parfaitement claire, on se serve du simple sens commun ; n'est-il pas de la plus grande évidence que cet article n'astreint l'époux présent au bail de caution que dans le cas où il opte pour la dissolution de la communauté. C'est ainsi que Toullier lui-même l'entend au commencement du n° 466, commencement qui, par paranthèse, nous paraît inconciliable avec l'opinion qu'il émet à la fin, et que nous avons citée plus haut. Quant à l'argument de l'art. 129, cet article extrait, comme le présente Malleville, a l'air, en effet, de prononcer contre nous, mais il faut le lire tout entier. Il explique les effets de l'envoi définitif. Il dit ce qui aura lieu trente ans après l'envoi provisoire, ou après l'époque à laquelle l'époux commun a pris l'administration des biens de l'absent, ou s'il s'est écoulé 100 ans depuis la naissance de ce dernier ; il dit que les cautions seront déchargées, que les ayants droit pourront demander le partage des biens de l'absent, et faire prononcer l'envoi en possession définitif. Mais cet article dit-il positivement que, trente ans après que l'époux aura pris l'administration des biens de l'absent, les cautions seront déchargées ; les mots *les cautions seront déchargées* doivent-ils nécessairement s'appliquer à ceux-ci : *ou depuis l'époque à laquelle l'époux,* etc.; or, c'est ce qu'il faudrait pour décider contre le texte de l'art. 124, qui, en prononçant qu'il y aura, dans l'un des deux cas qu'il suppose, obligation de donner caution, décide tacitement que dans l'autre, cette obligation n'existera pas. Pourquoi ne pas faire rapporter ces mots *ou depuis l'époque,* etc., aux seuls auxquels ils puissent se rapporter pour ne pas être en contradiction avec l'art. 124, c'est-à-dire à ceux-ci : *tous les ayants droit pourront demander le partage des biens de l'absent, et faire prononcer l'envoi définitif.* Les mots *les cautions seront déchargées,* s'appliquent tout naturellement au cas où il y aura eu *envoi provisoire,* conformément à l'art. 123 fine. — Bigot-Préameneu, en exposant les motifs de ce titre, ne parle nullement de cette prétendue obligation de l'époux présent, bien au contraire, en parlant de la dissolution de la communauté, il dit : « S'il est un point sur lequel on a pu hésiter dans la loi proposée, c'est sur la charge imposée à la femme de donner caution pour la sûreté des *restitutions* qui devraient avoir lieu. » (Législation civile, t. IV, p. 142.) Si dans le cas de dissolution provisoire, et relativement aux choses susceptibles de restitution, l'obligation de donner caution paraissait une rigueur en ce qui concerne la femme, a fortiori, en est-ce une en ce qui concerne le mari? Et si, dans le cas de dissolution provisoire, le législateur a pu hésiter à ordonner ce bail de caution, n'en faut-il pas conclure que pour le cas de continuation, il n'a pu en avoir la pensée? De même, le tribun Leroy dans son discours au tribunat (Législat. civ., t. I, p. 159), ne mentionne l'obligation de donner caution que pour le cas de dissolution de la communauté. En effet, si nous passons aux motifs de cette différence que nous pensons avoir établie : quand le conjoint opte pour la dissolution de la communauté, préférant les avantages et gains de survie à la prospérité de la communauté, il se met sur la même ligne que les personnes dont parle l'art. 125 ; il reçoit des choses sur lesquelles il n'avait droit qu'à la mort de l'absent, il est donc juste qu'il en assure la restitution ; mais quand l'époux opte pour la continuation de la communauté, il ne demande que la maintenue de ce qui existait, il demande que la société ne soit pas dissoute, que les choses restent dans leur premier état.

1. *Si c'est la femme qui est absente*, le mari garde l'administration des biens de la communauté, dont il n'a pas cessé d'être le chef ; il *conserve*, à cet égard, tous ses droits, art. 1421, 1422 ; il conserve également l'administration des biens personnels de sa femme que lui donnait l'art. 1428 ; il *prend* celle de ceux qu'elle s'était réservé d'administrer. Ainsi, quand elle s'était réservé, par contrat de mariage, la faculté de toucher sur ses quittances une portion de ses revenus ou d'administrer une portion de ses immeubles, si elle a exclu tout ou partie de son mobilier, et s'en est réservé l'administration et la disposition. Mais il faut faire une distinction : à l'égard de la communauté, le mari en reste le chef ; mais pour les autres biens de sa femme qui n'en faisaient pas partie, et dont il conserve ou prend l'administration, il n'en a, art. 127, que l'administration provisoire et légale, il en est comptable, art. 125, envers sa femme si elle revient, ou ses héritiers ; et devra, conformément à l'art. 126, faire procéder à l'inventaire du mobilier et des titres en présence du ministère public ou d'un juge de paix délégué ; nous pensons que les héritiers

peuvent demander à y assister, ayant un grand intérêt à ce qu'il soit fait exactement. Duranton, t. I, n° 460, contrairement à Toullier, t. I, n° 464, 466, et Bellot des Minières, t. II, p. 7, veut astreindre le mari à faire inventorier même les meubles et titres de la communauté; mais à quoi servirait cet inventaire, puisque après, comme avant l'absence, le mari peut, art. 1421, « vendre, aliéner, hypothéquer les biens de la communauté; » art. 1422 : « disposer des effets mobiliers à titre gratuit et particulier au profit de toutes personnes, pourvu qu'il ne s'en réserve pas l'usufruit. » Sans cela, ce ne serait pas la continuation de la communauté, mais un nouveau contrat régi par des règles différentes. D'ailleurs, l'art. 126 ne prescrit de faire inventaire que des meubles et titres *de l'absent.*

2° *Si c'est le mari qui est absent*, la femme devra être autorisée pour faire l'option; en effet, d'après le chap. IV du titre du mariage, elle ne peut s'obliger sans autorisation de son mari, ou à défaut, de justice, et elle s'oblige nécessairement par son option, art. 222. Si, comme nous le supposons, maintenant elle opte pour la continuation de la communauté, sa position est toute différente de celle de son mari dans le même cas. En effet, elle n'avait rien à voir dans l'administration de la communauté, ni même de ses biens propres, ni à fortiori de ceux de son mari; elle ne pouvait avoir que l'administration de ceux de ses biens pour lesquels elle se l'était expressément réservée par contrat de mariage. Aussi l'administration qu'elle *prend* maintenant n'est que provisoire et légale, elle la rend comptable, art. 125 ; ses droits ne sont que ceux d'un envoyé en possession provisoire, non-seulement quant au patrimoine personnel du mari, mais encore quant à la communauté, dont celui-ci reste toujours le chef (sans préjudice toutefois des droits dont la femme peut jouir, lors même que son mari n'est pas absent). La femme n'est que mandataire légal de son mari, elle n'a qu'un simple droit d'administration dans le sens restreint de ce mot. Elle devra donc faire procéder contradictoirement, avec le ministère public ou avec un juge de paix délégué, à l'inventaire de tous les biens dont elle *prend* l'administration, art. 126; les héritiers du mari peuvent demander à y assister. Nous pensons que le jugement qui a sanctionné l'option de la femme peut lui conférer l'autorisation nécessaire pour tous les actes d'administration proprement dite de ses biens propres, de ceux de son mari et de la communauté. Bellot de Minières, t. II, p. 29, Duranton, t. I, n° 459, Proudhon, t. I, p. 166. Elle pourra aussi, en vertu de cette autorisation générale, disposer du mobilier sans distinction; la possession provisoire donnant ce droit à tous ceux qui l'ont obtenue; la femme en est responsable et a dû le faire inventorier, elle est tenue de représenter, d'après l'inventaire, la valeur estimative. Duranton, ibid. De Moly, p. 346. — Mais pour tous actes excédant les bornes d'une simple administration, il lui faudra autorisation de la justice; ainsi, pour ester en jugement, aliéner les immeubles, transiger, consentir, hypothéquer, art. 128, 217, 222. L'art. 1427 (comp. 1422) pose le principe de la nécessité d'autorisation pour la femme en cas d'absence du mari, quand il s'agit de s'obliger ou d'engager les biens de la communauté pour l'établissement des enfants. Il peut se présenter d'autres cas que celui d'établissement des enfants, dans lesquels la femme pourrait se faire autoriser par justice à vendre un immeuble de la communauté, ainsi, par exemple, pour éviter les frais d'expropriation de cet immeuble déjà saisi ; et plus tard la femme ne serait pas fondée à demander la nullité de la vente. Bourges, 13 février 1830. Mais la vente consentie sans autorisation serait nulle.

L'art. 124 accorde à la femme le droit de pouvoir, après avoir accepté d'abord la communauté, y renoncer ensuite ; ce n'est que la confirmation de la faculté qu'elle a de droit commun. Section 6 du chap. II, au titre du contrat de mariage. « En effet (législat. civ., t. IV, p. 92), la femme ne connaît pas ordinairement les charges de la communauté, elles se découvrent successivement ; il serait injuste de lui assigner un terme fatal à la faculté de renoncer. » Mais il y a cependant une différence à faire : dans le cas normal de communauté, dont le mari est le chef, si la communauté est mauvaise, cela tient toujours à lui ; ici, il n'en est pas tout à fait de même, la femme, malgré les restrictions posées à son administration, a pu faire des dettes. En renonçant à la communauté, elle pourra se soustraire à celles contractées par son mari, mais non à celles qu'elle aura contractées elle-même avec autorisation, 1494, elle en sera tenue sur ses biens propres. Si la communauté est devenue désavantageuse par sa faute, on ne peut lui refuser le droit de renoncer, mais elle devra tenir compte aux héritiers de son mari des pertes qu'elle a pu occasionner ; elle ne s'affranchira en renonçant que de celles antérieures à son option, ou arrivées sans sa faute. Talandier, p. 159, Delvincourt, t. I, notes p. 97, Proudhon, t. I, p. 173. Si le mari reparaît, il sera obligé, comme chef de la communauté, envers ceux qui ont contracté de bonne foi avec sa femme ; mais il lui sera dû récompense par celle-ci lors de la dissolution ; De Moly, p. 347. Art. 1453, 1466. — Les héritiers de la femme jouissent du même droit qu'elle de renoncer à la communauté.

La communauté continuée se dissout définitivement, outre le cas que nous venons de rappeler : par la mort naturelle ou celle de l'époux présent ; par le décès de l'absent, s'il vient à être prouvé ; par l'envoi définitif. — Dans le premier cas, tous ceux qui ont des droits subordonnés au décès de l'absent les exerceront à la charge de donner caution ; dans le second, la communauté est légalement dissoute du jour du décès prouvé de l'absent, art. 130 ; quant au troisième, lorsqu'il s'est écoulé cent ans depuis la naissance de l'absent, la volonté de l'époux présent ne pourrait empêcher l'envoi définitif, encore qu'il ne se fût pas écoulé trente ans depuis qu'il a pris l'administration des biens de l'absent, art. 129.

Nous pensons avec Duranton, t. I, n° 464, et de Moly, p. 341, que l'époux présent qui a géré en qualité d'administrateur, a droit aux fruits accordés par l'art. 127, et cela non-seulement à l'égard des héritiers de l'absent s'il ne reparaît pas, mais aussi à l'égard de l'absent lui-même qui viendrait à reparaître, malgré la disposition du 2° de l'art. 1401. En effet, l'art. 127 n'aurait sans cela pas d'effet à l'égard de l'époux administrateur légal qui remettrait d'une main dans la communauté ce qu'il prendrait de l'autre. C'est une dérogation au système général de la communauté.

B. — Dans la seconde hypothèse, celle où l'époux présent opte pour la dissolution provisoire de la communauté, il exercera ses reprises et tous ses droits légaux et conventionnels, et cela en contradictoire des héritiers de l'absent, ou avec un curateur ad hoc nommé à ses enfants mineurs, comme nous le verrons dans le chapitre suivant, à charge de donner caution pour les choses susceptibles de restitution, art. 124. Nous ne nous étendrons pas sur ce point, la liquidation se fait d'après les principes ordinaires. — Une différence c'est que, dans ce cas, la femme présente peut renoncer à la communauté, encore qu'elle s'y soit immiscée, ce qui ne peut avoir lieu dans le cas où la dissolution arrive par la mort du mari, art. 1453 et 1454. Si l'absent reparaît, ou qu'on ait de ses nouvelles, tous les effets de l'absence cessent, et la communauté est censée, à l'égard des époux, avoir toujours continué, art. 1251, § 3. Les objets échus à l'un ou à l'autre des époux par la dissolution provisoire, et entrant de leur nature en communauté, devront être rapportés.

CHAPITRE III.

Des effets de l'absence d'un des époux quant à la surveillance des enfants mineurs issus du mariage.

—

Si c'est la mère qui a disparu, comme art. 372 et 373 du Code civil, c'est le père seul qui exerce la puissance paternelle pendant le mariage, que, art. 389, lui seul a l'administration des biens de ses enfants mineurs; il n'y aura rien de changé à la puissance paternelle, le père continuera à l'exercer, et cela comme père et nullement comme tuteur. En effet, art. 389 et 390 combinés, la tutelle ne commence qu'à la dissolution du mariage, et nous avons vu que l'absence n'est jamais une cause de dissolution. Un arrêt de cassation, du 3 décembre 1821, a jugé que pendant le mariage, les enfants n'ont pas d'hypothèque légale sur les biens de leur père, parce qu'il n'y a pas encore tutelle. Sirey, XXII, I, 80. — Le père n'étant pas tuteur, il n'y aura pas lieu (art. 420) de nommer un subrogé-tuteur; mais le père devra faire nommer un curateur ad hoc, pour agir contradictoirement avec lui toutes les fois qu'il y aura opposition d'intérêt entre le père et ses enfants mineurs. La nomination de ce curateur ad hoc sera faite par le Conseil de famille, comme celle du curateur au mineur émancipé pour recevoir le compte de tutelle (art. 480), du curateur au ventre (art. 393).

Nous ne pensons pas qu'il y ait lieu de distinguer, quant à la qualité en vertu de laquelle le père exercera la surveillance de la personne et l'administration des biens de ses enfants, entre le temps de l'absence présumée et celui de l'absence déclarée; après, comme avant la déclaration d'absence, le mariage subsiste, il n'y a pas lieu à ouverture de tutelle. Nous n'avons pas à nous occuper de ce qui arriverait quand l'absence serait devenue définitive, car alors les enfants seraient majeurs.

Voyons dans quel cas il peut y avoir opposition d'intérêts entre le père et ses enfants. S'il y a communauté entre les époux, et que le mari opte pour la dissolution provisoire, les enfants ont des intérêts à défendre contre leur père; celui-ci devra faire nommer un curateur ad hoc, contradictoirement avec lequel il liquidera leurs droits, soit par rapport à la communauté provisoirement dissoute, soit par rapport aux biens personnels de la mère absente; en effet il y a, dans ce cas, lieu de mettre à exécution le testament de la mère s'il en existe un, et d'exercer provisoirement les droits subordonnés à la condition de son décès (art. 123 et 124); le père n'en aura pas moins l'administration et la jouissance des biens des enfants (art. 384 et 389). Si le mari opte pour la continuation de la communauté, il n'y a en général pas opposition d'intérêts, puisque, d'après la généralité des termes de l'art. 124, l'époux *prend*, par préférence aux héritiers de sa femme, l'administration des biens mêmes exclus de la communauté.

Si les époux sont mariés sous un régime qui autorise les enfants à demander l'envoi en possession, il y aura toujours opposition d'intérêts et il devra toujours être nommé un curateur.

Nous pensons qu'il devra en être de même s'il s'ouvrait une succession à laquelle fût appelée la mère absente, et que son existence ne fût pas contestée par ceux qui auraient hérité à son défaut, art. 136.

Passons au cas où c'est le père, qui a disparu, laissant des enfants mineurs. L'art. 373 dit expressément que le père seul, exerce pendant le mariage, la puissance paternelle : c'est là le cas normal; mais il est des cas exceptionnels dans lesquels, pendant le mariage, cette puissance passe dans les mains de la mère; tels sont les cas d'interdiction civile ou criminelle du père, et en particulier celui de son absence. « Il est conforme aux principes des tutelles, » dit Bigot-Préameneu (Exposé des motifs au Corps Législatif, 12 ventôse an XI), « que si la femme de l'absent vit, elle ait la surveillance des enfants et qu'elle exerce tous les droits de son mari relatifs à leur éducation et à l'administration de leurs biens. C'est l'intérêt des enfants, c'est le droit naturel de la mère, c'est la volonté présumée du père absent. » L'art. 141 porte : « Si le père a disparu laissant des enfants mineurs issus d'un commun mariage, la mère en aura la surveillance, elle exercera tous les droits du mari quant à leur éducation et à l'administration de leurs biens. » — Si nous comparons les termes de cet article avec ceux de l'art. 389, et avec la définition que le projet d'avril 1801 donnait de la puissance paternelle, définition qui, quoique non reproduite dans le code, n'en est pas moins le principe dirigeant « (La puissance paternelle est un droit fondé sur la nature et confirmé par la loi, qui donne au père et à la mère la surveil-

lance de la personne et l'administration des biens des enfants mineurs et non émancipés par le mariage.)», nous
nous convaincrons que c'est à titre de puissance paternelle
que la mère *exercera tous les droits du mari*; elle ne sera
point tutrice, pas plus que le mari n'était tuteur; il n'y
aura donc pas lieu non plus à nommer un subrogé-tuteur (art. 420); ce que nous avons dit quant aux cas où
le père devait faire nommer un curateur ad hoc à ses enfants pour cause d'opposition d'intérêts est applicable, en
ajoutant le cas où la mère renoncerait à la communauté,
soit d'emblée, soit qu'elle l'eût acceptée d'abord (art. 114,
fine).

Nous pensons avec M. Duranton, t. I, n° 520, que
pour ce qui regarde la puissance administrative sur les
biens des enfants, la mère n'a pas besoin, pour l'exercer,
d'une autorisation judiciaire; cette autorisation se trouve
dans le mandat légal que lui confère l'art. 141 : « elle
exercera tous les droits du mari quant à l'administration
de leurs biens. » — Pour les actes qui sortent des bornes
d'une simple administration, la femme devra être pourvue
de l'autorisation de justice, art. 222 : « Si le mari est interdit ou absent, le juge peut, en connaissance de cause,
autoriser la femme soit pour ester en jugement, soit pour
contracter. » L'art. 1427 prévoit le cas où, pendant l'absence du mari, il y aurait lieu à pourvoir à l'établissement
des enfants, pour la forme, art. 863, Code de proc. civ.

Nous pensons qu'on doit accorder à la mère la jouissance
des biens de ses enfants mineurs, comme conséquence de
la puissance paternelle qu'elle exerce au lieu et à la place
de son mari; l'art. 141 lui accorde, en effet, *tous les droits*
du mari; l'art. 384 fait de l'usufruit un accessoire, un at-

tribut de la puissance paternelle, la mère en jouira depuis la disparition du père. Mais cet usufruit étant un fruit de communauté (art. 1401, 2°), la mère commune en biens, qui a opté pour la continuation, devra faire entrer dans la communauté les fruits perçus avant son option, et pour ceux perçus dès lors on devra suivre les règles posées par l'art. 127, sous déduction dans l'un et l'autre cas des charges mentionnées dans l'art. 385 comme correspectif de la jouissance. (Duranton, t. I, n° 521. De Moly, p. 113.) — MM. Duranton, t. I, n° 519, Dalloz, Dictionnaire de jurisprudence, v° Absent, accordent à la mère un autre attribut de la puissance paternelle, le droit de correction, art. 375 et suiv., tout en exigeant pour ce cas le concours des deux plus proches parents paternels; l'art. 381 réclame ce concours de la mère survivante qui voudrait exercer ce droit, et l'on ne peut, dans le cas d'absence du mari, lui confier un pouvoir plus grand que celui que la loi lui confère, quand la puissance sur ses enfants lui appartient en propre. — D'après notre législation particulière, le droit de correction s'exerce par l'emploi de moyens beaucoup plus gradués que sous le code, savoir : admonition, censure et prison. Ce dernier moyen étant limité à deux mois, et pouvant, à cause de cette gradation, être appliquée par le Collége des Syndics « spécialement chargé de maintenir l'autorité paternelle, » non-seulement dans le cas de *mécontentement très-grave*, art. 375, mais quand les enfants manquent « au respect ou à l'obéissance envers leur père ou leur mère; » l'exercice de ce droit pourra, à bien plus forte raison, être confié aux mains de la mère présente qui, on peut en être certain, n'en fera pas un mauvais usage.

Quant au mariage des enfants, l'art. 149 tranche la

question, le père absent étant *dans l'impossibilité de manifester sa volonté*, le consentement de la mère suffit. Si l'absence du père est déclarée, le jugement de déclaration d'absence servira de preuve légale de l'*impossibilité* si l'absence n'est que présumée, nous pensons par argument de l'art. 155, que, pour prouver cette impossibilité, il pourra être suppléé au jugement par un acte de notoriété délivré par le juge de paix du lieu où le père a eu son dernier domicile connu; cet acte contiendra la déclaration de quatre témoins appelés d'office par ce juge de paix, art. 155.

Nous pensons enfin qu'on doit concéder à l'époux présent le droit accordé par l'art. 397 au dernier mourant des père et mère, de nommer par testament un tuteur aux enfants issus de son mariage, avec l'absent. (Zachariæ, t. I, § 160, fine.)

FIN.

La Faculté de Droit, après avoir lu la présente Thèse, l'admet, sans entendre toutefois par là exprimer d'opinion sur les propositions qui y sont énoncées.

Genève, le 13 mars 1845.

Pour la Faculté,

TREMBLEY, *professeur.*

F. R.